OSÉ PASTORAL R RENOVADA
ANTONIO
PAGOLA

VIVIR
LA NAVIDAD

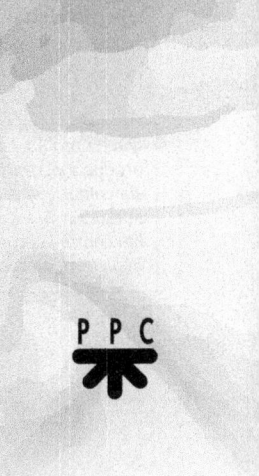

PPC

© 2024, José Antonio Pagola
© 2024, PPC, Editorial y Distribuidora, SA
  Impresores, 2
  Parque Empresarial Prado del Espino
  28660 Boadilla del Monte (Madrid)
  ppcedit@ppc-editorial.com
  www.ppc-editorial.com

ISBN 978-84-288-4223-5
Depósito legal: M-22528-2024
Impreso en la UE / *Printed in EU*

Introducción

Uno de los rasgos más tristes de nuestra sociedad contemporánea es su capacidad de vaciar de contenido y de verdad las fiestas y acontecimientos más entrañables.

Y la Navidad es, tal vez, una de las fiestas más estropeadas por el hombre actual. Unas fiestas de hondo significado para los creyentes, que son celebradas hoy entre nosotros sin que muchos vivan su motivación original y su verdadero contenido.

La Navidad es mucho más que todo ese ambiente superficial y manipulado que se respira esos días en nuestras calles. Una fiesta mucho más honda y gozosa que todos los artilugios de nuestra sociedad de consumo.

Las páginas que siguen han nacido del deseo de recuperar de nuevo el corazón de la Navidad y descubrir, detrás de tanta superficialidad y aturdimiento, el misterio que da origen a esta fiesta.

También hoy, en medio de esta sociedad, es posible abrirnos al misterio de Dios cercano, saborear con gozo la fiesta de la llegada de un Dios Amigo y celebrar con hondura cristiana las fiestas navideñas.

1
Una fiesta diferente

Antes que nada hemos de lograr que la alegría navideña no sea una alegría vacía y sin contenido, la alegría de quienes están alegres sin saber por qué. Hemos de esforzarnos para que estas fiestas no pasen sin que hayamos podido escuchar algo nuevo, vivo y gozoso en nuestro corazón.

1. El ambiente navideño en nuestra sociedad

Al aproximarse la Navidad, es fácil advertir entre nosotros un empeño especial por crear un ambiente de fiesta.

Son muchos los que adornan el interior de sus hogares con diversos motivos navideños (belenes, estrellas, luces, cirios, árboles...). Lo mismo sucede en las calles y en las plazas, y hasta en los escaparates, bares y centros comerciales. Al mismo tiempo, se comienza a escuchar por todas partes la melodía de los villancicos y la música propia de esta época.

Se diría que, de pronto, se despierta en nosotros el deseo colectivo de crear un clima que rompa el ritmo de nuestra vida diaria y nos ayude a olvidar, aunque sea durante un tiempo, los problemas a los que hemos de enfrentarnos día a día.

Sin embargo, estas fiestas poseen un carácter diferente al de otras que se suceden a lo largo del año. Todavía se puede observar entre nosotros un clima de intimidad, de hogar, de hondura... del que carecen otras fiestas. Pero ¿cuál es la verdadera motivación de estas fiestas para el hombre contemporáneo de nuestra sociedad?

- Para bastantes, se trata sencillamente de una fiesta religiosa que perdura todavía en la conciencia de una sociedad que se va descristianizando rápidamente.
- Para otros, estas fiestas representan la añoranza de un mundo imposible de inocencia, paz, fraternidad y felicidad que los hombres somos incapaces de construir.
- Para muchos, las Navidades se han convertido en las fiestas de invierno de esta socie-

dad moderna. De hecho, nuestra sociedad de consumo utiliza durante estos días todos los recursos y mecanismos imaginables para incitar a la gente a comprar, gastar y disfrutar. Parece como si solamente los que tienen dinero, y pueden comprar, pudieran celebrar estas fiestas.

2. La verdadera raíz de la Navidad

Para los creyentes, el origen y la razón de estas fiestas es muy sencillo. Hacemos fiesta y celebramos nuestra alegría porque Dios ha querido compartir nuestra vida.

Ya no estamos solos, perdidos en medio de nuestros problemas, sufrimientos y luchas. Dios está con nosotros. Hay esperanza para la humanidad.

Estas fiestas son la celebración de aquella Buena Noticia que se escuchó en Belén:

> "Os anuncio una gran alegría que lo será para todo el pueblo: os ha nacido hoy, en la ciudad de David, un Salvador que es el Cristo Señor." (Lc 2,10)

Esta invitación a la alegría, dirigida a todo el pueblo y, de manera especial, a la gente sencilla, es la que debe dar su verdadero significado también hoy a nuestras fiestas navideñas.

Como ha dicho L. Boff:

> "Nosotros tenemos motivos para el júbilo radiante, para la alegría plena y para la fiesta solemne: Dios se ha hecho hombre, y ha venido a habitar entre nosotros."

Esta es la gran verdad que dio origen a estas fiestas: Dios está con nosotros. Oculto para unos, desconocido para muchos, sin embargo, Dios comparte nuestra vida. No el dios frío de la razón ni el dios distante y enigmático del puro misterio, sino un Dios hecho carne, hermano y amigo.

La Navidad no es una fiesta fácil. Solo puede celebrarla desde dentro quien se atreve a creer que Dios está con los hombres y puede volver a nacer en nuestra vida diaria. Dios es infinitamente mejor de lo que sospechamos. Más cercano, más comprensivo, más tierno, más audaz, más amigo de lo que nosotros podemos imaginar. ¡Dios es Dios!

Los hombres no nos atrevemos a creer del todo en su cercanía, su bondad y ternura. Necesitamos detenernos ante lo que significa un Dios que se nos ofrece como niño débil, vulnerable, indefenso, irradiando solo paz, gozo y ternura. Se despertaría en nosotros una alegría diferente y nos inundaría una confianza desconocida.

Ese Dios nacido en Belén es más grande que todas nuestras imágenes tristes y raquíticas de la divinidad. Ese Dios es el mejor regalo que se nos puede ofrecer a los hombres. Nuestra equivocación es pensar que no necesitamos de Él. Creer que nos basta con un poco más de bienestar, un poco más de dinero, salud, suerte y seguridad.

Celebrar la Navidad no es despertar una euforia pasajera con unas copas de champán, sino alimentar nuestra alegría interior y nuestra confianza en la cercanía de un Dios que está presente en nuestro vivir diario. Si supiéramos detenernos en silencio ante ese Niño y acoger desde el fondo de nuestro ser toda la cercanía y la ternura de Dios, entenderíamos por qué el corazón de un creyente ha de estar transido de una alegría diferente estos días.

2

El regalo de Navidad

Hemos de recuperar también el hondo sentido que se encierra en otra costumbre muy arraigada en estas fiestas navideñas.

1. El intercambio de regalos

Es una costumbre tradicional en la Navidad el intercambio de regalos, realizado de maneras muy diversas. Papa Noel o Santa Claus en los países nórdicos, la legendaria Befana en Italia, la Babushka en Rusia, son personajes entrañables de estos días navideños. Entre nosotros, los regalos son atribuidos a los Reyes Magos, al mismo Niño Jesús o al Olentzaro.

Este elemento ha adquirido una importancia extraordinaria en la sociedad actual. Intercambio de obsequios, aguinaldos, pagas extraordinarias, cestas de Navidad, rifas, premio especial de la lotería... Todo ha sido convenientemente utilizado por la sociedad de consumo para impulsarnos a comprar y consumir.

Sin embargo, todos sabemos que los regalos de Navidad muchas veces no son verdaderos regalos. Son objetos que se entregan por interés, regalos que se hacen con cálculos interesados. Hasta el regalo que se hace a los hijos nace con frecuencia de una actitud de ostentación, envidia y deseo de sobresalir por encima de los demás. Por otra parte, es más fácil dar un regalo a los hijos de vez en cuando, que ofrecerles cercanía, escucha sincera y el amor sacrificado de cada día.

Estamos creando entre todos una sociedad interesada y egoísta y se nos está olvidando lo que es el verdadero regalo gratuito. Corremos el riesgo de convertirlo todo en cumplimiento, interés y cálculo egoísta.

2. La verdadera solidaridad de la Navidad

Sin embargo, el intercambio de regalos por estas fechas navideñas tiene un origen cristiano auténtico. De la misma manera que los Magos llevan sus regalos al Niño nacido en Belén, también los creyentes manifiestan su agradecimiento a Dios, haciendo algún regalo a los niños, los pobres, los necesitados o los seres queridos.

Pero hay algo más profundo en el origen de la Navidad. El gran regalo que nos recuerdan estas fiestas es el que nos ha hecho el mismo Dios dándonos a su propio Hijo. El gran regalo para los hombres es Jesucristo.

En él "se nos ha manifestado la bondad de Dios nuestro Salvador y su amor a los hombres." (Tit 3,4)

Desde ahí aprendemos los creyentes a regalar. No es posible creer en un Dios que ha querido compartir nuestros problemas y sufrimientos y organizar luego nuestra vida de manera individualista y egoísta, ajenos totalmente a las necesidades de los demás.

La solidaridad de Dios con los hombres es el cimiento más profundo que podemos concebir para la solidaridad y fraternidad entre los seres humanos. Un creyente no puede celebrar estas fiestas satisfecho, ni comer o cenar tranquilo, olvidando a todos esos hombres y mujeres para los que la Navidad no será motivo de fiesta sino algo que les recordará todavía con más crudeza su soledad, su vejez, su impotencia y sus angustias.

Las luces y estrellas de nuestra Navidad no hacen sino mostrar con más claridad la contradicción en que vivimos tantos hombres y mujeres, encerrados en nuestro propio egoísmo, demasiado alejados de un Dios Padre de todos y demasiado extraños a los que no viven para nuestros propios intereses.

La Navidad puede ayudarnos a descubrir mejor el carácter interesado de nuestras ocupaciones y nuestras relaciones, y puede ser una llamada a vivir de manera más generosa y gratuita, colaborando en crear una sociedad más fraterna y solidaria.

3
Navidad
en familia

No es posible recuperar el verdadero sentido de la Navidad si no ahondamos en la dimensión hogareña de estas fiestas.

1. El carácter hogareño de la Navidad

Estos días navideños se caracterizan todavía hoy por un clima más familiar y hogareño. Para muchos, la Navidad sigue siendo una fiesta de reunión y reencuentro familiar. Ocasión para congregarse todos alrededor de una mesa a compartir con gozo el calor del hogar.

Estos días parecen reforzarse los lazos familiares. Se diría que es más fácil la reconciliación y el acercamiento entre familiares enfrentados o distantes. Por otra parte, se recuerda más que nunca la ausencia de los seres queridos muertos o alejados del hogar.

Sin embargo, es fácil observar que el clima hogareño de estas fiestas se va deteriorando de año en año. La fiesta se desplaza fuera del hogar. Los hijos corren a las salas de fiestas. Las familias se trasladan al restaurante. Se nos invita ya a "celebrar la Navidad en Benidorm".

Sin duda, son muchos los factores de diverso orden que explican este cambio social. Pero hay algo que no hemos de olvidar. Es difícil el encuentro familiar cuando, a lo largo del año, no se vive en familia. Incluso se hace insoportable cuando no existe verdadero diálogo entre padres e hijos, o cuando el amor entre los esposos se ha ido apagando.

Todo ello facilita cada vez más la celebración de estas fiestas fuera del hogar. Es más fácil la reunión ruidosa de esas cenas superficiales y vacías de un restaurante. El clima que ahí se crea no obliga a vivir la Navidad con la hondura humana y cristiana que el marco del hogar parece exigir.

De ahí que estas fiestas navideñas que, durante tantos años, han reavivado el calor entrañable de las familias, sean quizás hoy en muchos hogares uno de los momentos más reveladores del deterioro de la vida familiar.

2. La familia humana

El carácter familiar de la Navidad es de origen hondamente cristiano. Según el relato de san Lucas, los primeros en escuchar el anuncio del nacimiento del Hijo de Dios han sido unos pastores que no dormían sino que se mantenían vigilantes y despiertos durante la noche.

Por eso, desde muy antiguo, los cristianos acostumbraban a permanecer despiertos en la noche de Navidad, preparándose a celebrar con fe el nacimiento del Salvador. Desde entonces, es costumbre en los países de tradición cristiana esta reunión familiar.

Pero el carácter familiar de estas fiestas tiene unas raíces más profundas. Los cristianos celebramos al Dios que ha querido formar parte de la familia humana. El Hijo de Dios se ha hecho nuestro hermano. Ahora la humanidad no es un conjunto de individuos aislados o dispersos que viven cada uno su vida. Todos formamos una gran familia de hermanos que podemos gritar a Dios "Abbá", Padre. Por eso, el nacimiento del Señor es una invitación a esforzarnos por el nacimiento de un hombre nuevo y de una familia mejor y más humana.

Hemos de hacer del hogar la primera comunidad en la que los hijos puedan vivir una verdadera experiencia de familia y fraternidad. Pero no basta. Sin duda, siempre es tentador para una familia encerrarse en su propia felicidad; tratar de construir un "hogar feliz", de espaldas a la infelicidad de otras familias; reducir el amor al mundo pequeño de los intereses familiares.

Sin embargo, el verdadero amor no conoce límites ni puede quedar restringido egoístamente a las fronteras del propio hogar. Nos lo recordó Juan Pablo II con palabras que deberían tener un eco especial en momentos de grave crisis económica:

> "Vosotras, familias que podéis disfrutar del bienestar, no os cerréis dentro de vuestra felicidad; abríos a los otros para repartir lo que os sobra y a otros falta."

Celebrar de verdad la Navidad exige aprender a vivir con un sentido profundo de fraternidad. Quizás entre nosotros, la Navidad tenga que ser, antes que nada, una llamada urgente a vivir como hermanos, por encima de ideologías, creencias, partidismos o siglas que cada uno pueda defender.

La Navidad debería ser ocasión de reflexión y de compromiso para crear entre nosotros un estilo diferente de entender la lucha política y el esfuerzo común por una sociedad mejor. Por encima de objetivos políticos, intereses de partido o razones de estrategia, el otro es siempre nuestro hermano, incluso cuando se nos presenta como adversario.

4

La paz de la Navidad

Las fiestas navideñas son un recuerdo vivo del anhelo de paz que se encierra en el corazón humano. Es imposible celebrar la Navidad sin buscar sinceramente la paz.

1. El anhelo de paz

Son innumerables los villancicos y cantos navideños que nos hablan de la paz. El Santo Padre acostumbra a dirigir a los creyentes por estas fechas un mensaje en torno a la paz. Son bastantes también los jefes de Estado y dirigentes políticos que se pronuncian en el mismo sentido haciendo augurios por la paz en el mundo. El día de Año Nuevo se celebra la Jornada Mundial de la Paz.

No es extraño oír por estas fechas peticiones de amnistía, indultos, alto el fuego. Por otra parte, se envían cada vez más felicitaciones y deseos de paz a los amigos, familiares y conocidos. Parece como si en estos días navideños creciera en nosotros el deseo de una paz imposible.

Sin embargo, incluso durante estas fiestas navideñas se irán sucediendo las noticias de agresiones, violencias, muertes, torturas, que nos recordarán cada mañana que no hay paz en el mundo.

¿Qué sentido pueden tener tantos deseos de paz y felicidad expresados en estas fiestas? ¿Son acaso puro engaño y vana ilusión?

2. La búsqueda sincera de la paz

El deseo de paz que se canta en las fiestas de Navidad tiene su origen en aquel cántico que se escuchó la primera nochebuena en Belén:

"Gloria a Dios en las alturas y en la tierra paz a los hombres que ama el Señor." (Lc 2,14)

Desde entonces, la paz es un anhelo constante en la liturgia navideña (*cf.* Is 52,7-10; Num 6,22-27).

Pero la paz no es solo un cántico que acompaña el nacimiento del Salvador. Es el objetivo último de la Encarnación: la paz de los hombres con Dios, la paz de los hombres entre sí, la paz de los hombres consigo mismos.

Una vez más vamos a celebrar entre nosotros una Navidad envuelta en agresividad y violencia. Y una vez más vienen a mi memoria aquellas palabras de M. Gandhi:

"Hasta que el anhelo de paz no quede satisfecho y hasta que no hayamos liberado nuestra civilización de la violencia, Cristo no ha nacido aún."

- ¿Cómo celebrar la Navidad en un clima de muerte y de violencia?
- ¿Cómo sentirse tranquilos la noche de Navidad cuando en tantos hogares faltarán hombres cuya sangre ha caído en nuestro suelo?
- ¿Cómo cantar la paz de todo corazón si perdemos sensibilidad ante el valor de cada vida y la dignidad de cada ser humano?
- ¿Cómo no hacemos nada más eficaz para buscar alguna solución?
- ¿Cómo somos tan incapaces de encontrar caminos que conduzcan a una verdadera paz?

Demasiadas preguntas que turban nuestras fiestas navideñas y encogen el corazón a cualquier persona que se sienta un poco humana.

Pero sería una cobardía disponernos a celebrar una vez más la Navidad sin sentir en nuestra propia carne el conflicto que se encierra detrás de nuestra celebración. Sería incoherente celebrar hoy la Navidad sin preguntarnos qué estamos haciendo por suprimir aquello que provoca violencia, injusticia y sufrimiento.

Mahatma Gandhi decía que

"es posible sentir la paz incluso en un ambiente de lucha, pero solo a condición de sacrificarse y crucificarse para que desaparezcan las causas de los conflictos."

La Navidad ha de ayudarnos a reflexionar sobre nuestra actitud ante la violencia.

- ¿Cómo reaccionamos ante la destrucción de la vida de un hombre?
- ¿Qué clima social vamos creando con nuestros comentarios, nuestras reacciones o nuestra pasividad?
- ¿Por qué no actuamos con mayor vigor urgiendo para que se resuelvan los conflictos por el camino de un diálogo sincero?

Pero, además, la falta de paz, el odio, el rencor y la venganza se dan también en nuestras relaciones personales. No es posible celebrar la Navidad sin escuchar una llamada a la reconciliación y la amistad mutua.

También este año enviaremos felicitaciones de Navidad.

- Pero ¿sabemos "felicitar"?
- ¿Nos preocupa realmente la felicidad de los demás?
- ¿Estamos dispuestos a hacer feliz a esa persona que hoy felicitamos?
- ¿Estamos dispuestos a construir un mundo más humano y feliz para todos?

Estas son algunas de las preguntas que han de dar un sentido más auténtico a nuestra fiesta navideña.

5

Una fiesta
de renovación

Hemos de descubrir también en la Navidad una fiesta que nos invita al cambio y a la renovación personal.

1. El comienzo de un año nuevo

En la civilización romana solían celebrarse, a finales de diciembre, diversas fiestas populares en honor del sol, precisamente cuando los días comienzan a alargarse y la luz solar empieza de nuevo a superar el poder de las tinieblas.

Cuando el cristianismo se convirtió en la religión oficial del Imperio, estas fiestas en honor de la divinidad solar fueron sustituidas por la celebración del nacimiento de Jesús, que para los creyentes es el verdadero sol y la auténtica luz que ilumina las tinieblas de los hombres (*cf.* Jn 1,4-5).

Por eso, las fiestas de Navidad coinciden también hoy con el final de un año solar y el comienzo de otro. Cambiamos de calendario, nos despedimos del año viejo y nos deseamos un feliz Año Nuevo.

Pero no es fácil comenzar un año nuevo. El paso del tiempo y la proximidad cada vez mayor de la vejez y de la muerte es algo que resulta insoportable al hombre contemporáneo.

Por eso, no es extraño que, al despedir el año, muchos necesiten olvidar, aturdirse y engañarse a sí mismos de alguna manera. ¡Cuántos comenzarán el nuevo año con la mentira de una cena, celebrada entre ruidosas carcajadas, copas de champán y augurios de felicidad y prosperidad!

¿Cómo creer de verdad en esa mentira que nos repetiremos unos a otros deseándonos "año nuevo, vida nueva"? Año nuevo, pero vida nada nueva, nada diferente, nada renovada. Porque seguiremos cometiendo los mismos errores de siempre y repitiendo las mismas equivocaciones. Y porque seguiremos estropeando cada día nuestra vida, haciendo difícil y dura nuestra convivencia.

2. Llamada a la renovación

Para los creyentes, la Navidad es una fiesta que invita a la renovación. Cristo es para nosotros el Hombre Nuevo. Alguien que nos ha dejado el mandato nuevo del amor y nos invita a vivir de manera nueva, en conversión y renovación constante.

En la Navidad no solo celebramos el nacimiento de Jesús, sino también nuestro nacimiento a una vida nueva, nuestra conversión y renovación. Así canta el antiguo poeta A. Silesius:

"Aunque Cristo nazca mil veces en Belén, mientras no nazca en tu corazón, estarás perdido para el más allá: habrás nacido en vano."

Por eso hemos de comenzar el año nuevo con una voluntad de renovación. El año nuevo es un tiempo abierto, un tiempo lleno de posibilidades nuevas porque es un tiempo que se nos ofrece como gracia y salvación. En medio de la nostalgia de un año que se va y la incertidumbre de un año nuevo que comienza, todos intuimos que hemos nacido para vivir algo más grande, más pleno, más total y verdadero que lo que vamos conociendo año tras año.

Por eso es bueno que nos preguntemos qué esperamos del año nuevo.

- ¿Será un año dedicado a "hacer cosas", resolver asuntos, asegurar mi pequeño bienestar, acumular egoísmo, nerviosismo y tensión?
- ¿Será un año en que aprenderé a ser más humano? ¿Sabré amar con más ternura y dedicación?
- ¿Qué tiempo dedicaré al silencio, a la intimidad, al descanso, a la amistad, a la oración, al encuentro con Dios?
- ¿A qué personas me acercaré, a quiénes podré hacer un poco más felices; en quién podré despertar un poco de alegría y esperanza?
- En definitiva, ¿qué es lo que realmente quiero yo este año? ¿A qué le dedicaré el tiempo más precioso e importante? ¿Será un año más, un año vacío, aburrido, triste y rutinario? ¿Un año en que crecerá mi fe? ¿Un año que me acercaré a la vida eterna?

La celebración de la Navidad, al comienzo de un año nuevo, puede ser impulso renovador de vida.

6

El misterio
de Belén

La Navidad solo se celebra de verdad cuando somos capaces de adorar el misterio de Belén.

1. Los "símbolos" de la Navidad

Durante las fiestas navideñas se ha hecho ya tradicional la colocación del "Belén" en los templos, hogares, plazas, escaparates... Su origen –o al menos su desarrollo– se remonta a san Francisco de Asís y a los franciscanos que lo extienden por toda Europa. En el siglo XVII lo encontramos ya en Nápoles, España, Portugal, Francia, Alemania del Sur.

Alrededor del Belén surge todo un mundo de villancicos, nanas, bailes, cuentos de Navidad, recorridos por las calles... En cada pueblo se entremezclan luego otros elementos autóctonos como nuestro "Olentzaro", personaje de origen difícil de precisar, al que la tradición cristiana ha convertido en embajador del nacimiento de Jesús.

Más recientemente han llegado también hasta nosotros dos elementos importados de otros países: el cirio y el árbol. Es probable que su origen se remonte a las fiestas paganas en las que se rendía culto a los emperadores el día en que se conmemoraba su nacimiento. La luz era encendida como símbolo de la vida y el ramo verde era utilizado como símbolo de eternidad.

Ambos elementos han sido luego empleados con simbolismo hondamente cristiano. El cirio que se enciende la Nochebuena simboliza el nacimiento del Señor que viene a iluminar este mundo envuelto en tinieblas (*cf.* Jn 1,9; Is 9,2-7; Is 60,1-6). El árbol, por su parte, recuerda el árbol del paraíso perdido por el pecado del primer Adán y del que somos salvados por el nacimiento del segundo Adán. Cristo es árbol de vida para la humanidad.

En concreto, el árbol iluminado y lleno de regalos, simboliza a Cristo, verdadero árbol de vida, que nos trae la luz capaz de orientar nuestras vidas y el gran regalo de nuestra salvación.

Pero, con frecuencia, todo este simbolismo ha quedado banalizado y trivializado al perder su vigor original. Las calles se llenan de árboles y luces sin que apenas nadie lea su hondo significado. Muchas veces todo queda en mero adorno decorativo que oculta el misterio de Belén.

2. Ante el misterio del Belén

Sin embargo, el centro de todas las fiestas navideñas está en ese portal de Belén al que hemos de saber acercarnos.

No es tan equivocado afirmar que la Navidad es la fiesta de los niños y de aquellos que saben vivir con corazón de niño. Solo ellos pueden disfrutar como nadie del regalo de un Dios niño.

A los adultos se nos hace más difícil disfrutar del contenido entrañable de estas fiestas. Lo que nos impide gozar como los niños no es la edad, sino nuestro corazón envejecido, autosuficiente, lleno de egoísmos e intereses; nuestra vida agitada, dispersa, polarizada por la búsqueda obsesiva de eficacia, rendimiento, seguridad y bienestar a cualquier precio.

El teólogo A. Delp veía en el "endurecimiento interior" el mayor peligro para el hombre moderno:

"La incapacidad del hombre actual para adorar, amar, venerar, tiene su causa en su desmedida ambición y en el endurecimiento de la existencia."

El niño es un hombre que todavía no ha "endurecido" su existencia, no ha cerrado todavía las puertas de su ser a lo bueno, lo hermoso, lo admirable. Sabe admirar, acoger y disfrutar. Su vida es acogida y crecimiento.

A. Saint-Exupery dice en el prólogo de su delicioso *Principito*, que "todas las personas mayores han sido niños antes, pero pocas lo recuerdan". La Navidad nos invita a despertar lo que queda en nosotros de ese niño que fuimos, capaces de admirar, escuchar y acoger con sorpresa y gozo el regalo de la vida.

A pesar de nuestra aterradora superficialidad, nuestro desencanto y, sobre todo, nuestro inconfesable egoísmo y mezquindad de "adultos", siempre hay en nuestro corazón un rincón secreto en el que todavía no hemos dejado de ser niños.

Atrevámonos a acercarnos con corazón sencillo al portal de Belén. Dios está ahí. No es un ser tenebroso, inquietante y temible, sino alguien que se nos ofrece cercano, indefenso y entrañable desde la ternura y transparencia de un niño.

Este es el mensaje de la Navidad: hay que salir al encuentro de ese Dios, hay que cambiar el corazón, hacerse niños, nacer de nuevo, recuperar la transparencia, abrirse confiados a la gracia.

Paul Claudel, describiendo su conversión, nos recuerda cómo sintió un día de Navidad en la catedral de Notre Dame de París "el sentimiento desgarrador de la inocencia, revelación inefable de la eterna infancia de Dios". Sorprendido ante "la eterna infancia de Dios" y sollozando, comencé a salir de su "estado habitual de asfixia y desesperanza".

La celebración sencilla pero honda de la Navidad puede despertar en nosotros la fe. Una fe que no esteriliza, sino que rejuvenece; que no nos encierra en nosotros mismos, sino que nos abre; que no separa, sino une; que no recela, sino confía; que no entristece sino que ilumina; que no teme sino que ama.

Felices los que, en medio del bullicio y aturdimiento de estas fiestas, sepan acoger con corazón creyente y agradecido el regalo de un Dios Niño. Para ellos habrá sido Navidad.

Índice

Introducción: 5

1. Una fiesta diferente 7

   1. El ambiente navideño en nuestra
      sociedad 7

   2. La verdadera raíz de la Navidad. 9

2. El regalo de Navidad 13

   1. El intercambio de regalos 13

   2. La verdadera solidaridad
      de la Navidad. 14

3. Navidad en familia 17

   1. El carácter hogareño de la Navidad. . . 17

   2. La familia humana 19

4. La paz de la Navidad 23

   1. El anhelo de paz 23

   2. La búsqueda sincera de la paz 24

5. Una fiesta de renovación 29

   1. El comienzo de un año nuevo 29

   2. Llamada a la renovación 31

6. El misterio de Belén 33

   1. Los "símbolos" de la Navidad 33

   2. Ante el misterio del Belén 35